17の目標

JN151598

産業と技術革新の基盤をつくろう

世界中にしっかりとしたインフラを作り、産業発展につなげよう。

人や国の不平等をなくそう

国どうし、国民の間の貧富の差や不平等をなくそう。

住み続けられるまちづくりを

すべての人が、安全でくらしやすい家や町に住めるようにしよう。

つくる責任つかう責任

ものを作る人も使う人も、未来のことを考えて、しげんをむだにしないくふうをしよう。

気候変動に具体的な対策を

地球の気温が上がるのをふせぎ、その悪えいきょうをなくしていこう。

海の豊かさを守ろう

海の生態系を守り、海のしげんをたもとう。

陸の豊かさも守ろう

陸の動植物を守り、豊かな自然の力を取りもどそう。

平和と公正をすべての人に

すべての暴力をなくし、法律の下で争いごとをみんなで解決できる世の中にしよう。

パートナーシップで目標を達成しよう

世界中の人たち、まわりの人とで力を合わせ、目標を達成しよう。

アクアポニックスが地球(ちきゅう)をすくう！

フードテックとSDGs(エスディージーズ)

②

エビとトマトで持続可能(じぞくかのう)な食料供給(しょくりょうきょうきゅう)

監修

石川伸一

（宮城大学 食産業学群 教授）

フレーベル館

はじめに

フードテックとは、
「食品（Food）」と「ぎじゅつ（Technology）」を
組み合わせたことば。

食に関する最新のぎじゅつのことで、
最近ますます注目を集めています。

というのも、フードテックは
SDGs（持続可能な開発目標）*でかかげられている、
かんきょうおせんや資源の再利用、飢餓や貧困の問題など、
地球がかかえるさまざまな課題を解決できる可能性があるからです。

*目標2「飢餓をゼロに」、11「住み続けられるまちづくりを」、
12「つくる責任 つかう責任」、14「海の豊かさを守ろう」、15「陸の豊かさも守ろう」など

このシリーズでは、フードテックを使ってさまざまな課題を解決し、
地球をすくおうとがんばっている人の仕事をしょうかいしています。

かれらのチャレンジに注目しながら、
「自分には何ができるだろう？」と考えてみてください。

きっとあなたにも、地球をすくう力があるはずです。

石川伸一
（宮城大学 食産業学群 教授）

もくじ

1章
アクアポニックスってすごい！ …… 4

2章
アクアポニックスでどんなことができるの？ …… 10

①かんきょうをよごさない …… 10

②少ない水でエビを育てる！ …… 12

③肥料なしでトマトを育てる！ …… 14

④観光や学習ができる！ …… 16

⑤地いきの自然を守れる！ …… 18

緑の光で魚がすくすく育つ！ …… 20

3章
持続可能な食料供給のために …… 22

持続可能な食料供給とは …… 22

このままでは持続できない …… 24

できることをやってみよう！ …… 26

未来の社会を想像しよう！ …… 28

おまけ
アクアポニックスが地球をすくう！ …… 30

1章 アクアポニックスってすごい！

数年前から、アクアポニックスという新しいスタイルの観光農園にちょうせん中の本郷さん。じつは、以前は農業とはかかわりがない仕事についていました。しかし、あることがきっかけで、食べ物作りで地球の未来に役立ちたいと思うようになったそうです。そのちょうせんを追ってみましょう。

そのころから農業にも興味はあったんですか？
だから始めたってことですよね？
アクアポニックスをやるのがゆめだったとか!?

いや、全然！
興味なし！
アクアポニックスを知らなかったし！
ズコッ！
うそ!?

会社はとても順調だったんだけど新型コロナウイルスが流行したことでぼくにある考えが生まれてね。
コロナ
襲来!!

わかりました、工事の延期ですね。いえいえ、しょうがないですよ。
はい、失礼します～

また延期のれんらくですか……。
うーん
この前はキャンセルでしたよね……。
なんだかなぁ～…

この仕事で人の役に立てると思ったけど……。
これじゃあ…

ほかにも何かちがうことを始めたい……。
すたすた

ぞろぞろ
スーパーマーケット

食べることってのは延期もキャンセルもないもんな……。
食べないと生きていけないし…

生きていけない……
ピーン！
そうだ!!

「食」でも人の役に立つことができるかもしれない!!
カタカタカタ

これだ！
ドン
社会人向け
農業学校
受講生ぼしゅう中！

ぼしゅうしている！よし！入学金を……
カタカタカタ

ふりこみ!!
ポチ
入学金ふりこみ
今すぐふりこむ

えっ！ 農業学校に入学したの!?
いきなりお金をふりこんだんですか!?
えぇ——!!
ぼくって、やると決めたらすぐにやらないと気がすまないんだよね。
ナハハハハ!
それで学校に行きはじめたわけだけど……。
畑を始めるのには土作りがだいじだということを知ったんだ。
化学肥料や農薬にたよらない農業をしたいんですよ。
それには時間がかかるかもしれんなぁ。
うーん
え？
そのとき、化学肥料にたよらない畑にするには、4～5年かかると知ったんだ！
そんなにかかるの!?
ずん!!
ぐえぇ～
すぐに始めたいのになぁ……。
まいったなぁ…
ハァ…
ひらっ
おっと！
ギュッ
ドリッ
何だ……？
「土を使わない農法『アクアポニックス』」……？
アクアポニックス
地球にやさしい循環型？
野菜の栽培
養分豊富な水
きれいな水
魚の養しょく
ピーン
これだ!!
アクアポニックスなら、人も、地球も、すくえるかもしれない!!

アクアポニックスって実際はどんな農法なんですか？

かんたんに言うと、魚かい類が出したふんを肥料にして野菜を育て、野菜によってきれいになった水で魚かい類を育てる農法だ！

ふんを栄養分に分解

栄養分

微生物

きゅうしゅう

ふん

きれいになった水

水がぐるぐる回っている!!

水をたくさん使わないですむし、肥料もいらないってことね！

そう！　それにハウスの中で育てるから害虫なんかもつきにくい。だから病気をふせぐための農薬も使わなくていい!!

持続可能（サステナブル）な農法なんだ！

すごいっ！

わー

それからアクアポニックスのことを知りたくてすぐに見学に行ったよ！

勉強！勉強！

ダー！

アクアポニックス

そして、土地を見つけて自分でアクアポニックスのためのハウスを作ることにした！

お、ここよさそう！

荒地

すごい行動力！

でも自分で作るのってたいへんそう……。

そこにこそ、ぼくの得意なことが生かせると思ったんだ！

消防せつびの会社は続けていたし、もともと建物のつくりにくわしいから、

水道管や電気がどのように配置されるかよく知ってたんだよね。

だから、設計を考えるのはとてもわくわくしたよ!!

楽しー！

もちろんくわしい人にアドバイスを受けながらではあるけど、ハウスは自分でも作ったんだよ。

経験が生きているんですね！

ゆめに向かって動いているときっていろいろな人がおうえんしてくれて……。

本郷さん！

すばらしい計画ですね!!

商工会職員Aさん

補助金を出しますよ！

がんばってくださいね！

えー！

ありがとうございます！

農業だけじゃなくって、観光客を受け入れたり作った物を売ったりすれば商売が続くんじゃないですかね!?

なるほど！

観光農園ですね！

商工会職員Bさん

順調だったんですね！

すごいなぁ～！

まぁ……、

補助金だけじゃ全然お金が足りなかったんだけどね……。

ドヨ～ン…

まじでハンパないよ…

アハ…アハハ…

さておき……そのほかにもいろいろな人に助けられて、ついにBIWAKO AQUAPONICSをオープンできたのさ!!

ウィウィ

WELCOME

こうやってぼくの観光農園がスタートしたというわけ！

本郷さんのひらめきと情熱のつまった場所なんですね！

そっか～

すごい！

中で何を育ててるのか、すごく気になってきちゃった!!

ぼくもぼくも！

興味をもってもらえてうれしいよ！

それじゃあ……

中を案内しようか！

やったー！

ぼくの観光農園にようこそ!!

2章 アクアポニックスでどんなことができるの？

①かんきょうをよごさない

エビとトマトを育てるプラントをパイプでつなぎ、栽培に使う水を循環させます。水は外にはすてないので、かんきょうを守ります。

アクアポニックスは、本郷さんの農園にあるハウスの中で行っている。

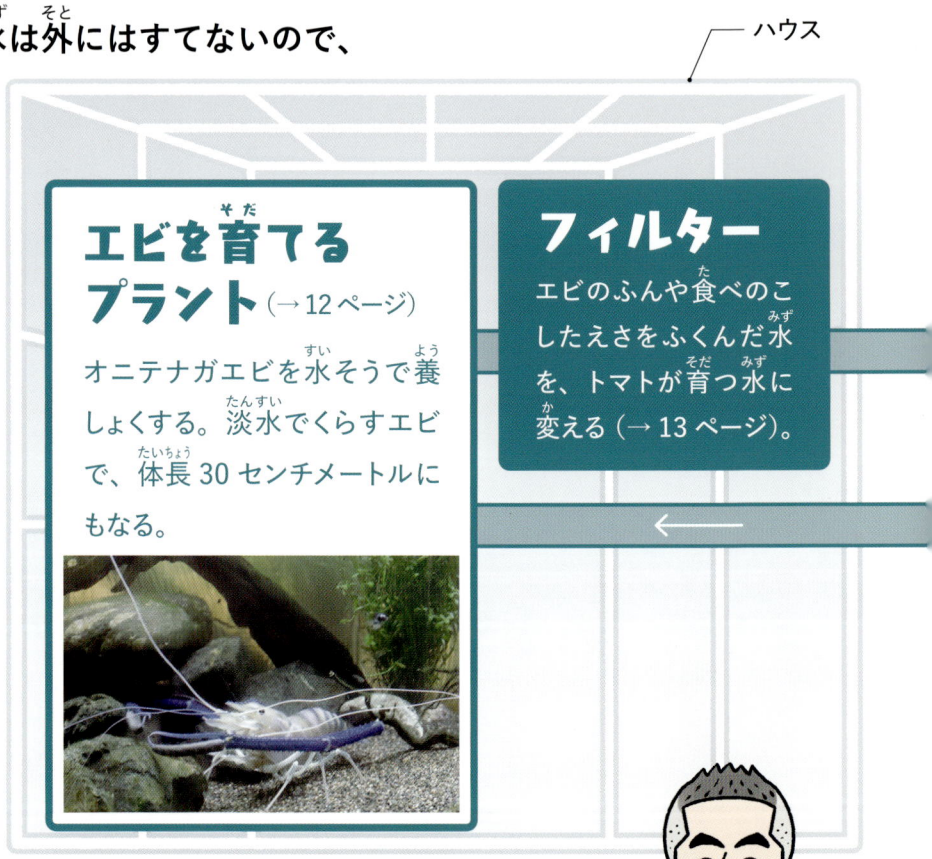

かんきょうにやさしく、水を大切にするアクアポニックスで、本郷さんはエビとトマトを育てることにしました。BIWAKO AQUA PONICS で、どのような農業を行っているのか、アクアポニックスには、どのようなよいことがあるのか、くわしく見ていきましょう。

アクアポニックスのよいところは、よごれた水を外に出さないこと。魚やエビを水そうで育てていると、ふんやえさの食べのこしで水がよごれます。よごれた水をそのまますててしまうと、かんきょうに大きな負担がかかりますが、アクアポニックスでは水のよごれを栄養に変えて植物を育てるのに使います。

水をすてる必要がないため、かんきょうをよごさずに魚や野菜を育てられるのです。

②少ない水でエビを育てる！

エビを育てることが、アクアポニックスのスタート地点。
決まった量の水をパイプに通してプラントを行き来させるよ。
とちゅうで、特別なフィルターを通すんだ。

夜行性だから、昼間はのんびりしているね！

エビを育てる

BIWAKO AQUA PONICS では、多いときでオニテナガエビを約 1200 ぴき育てている。大きなエビが小さなエビをおそうことがあるので、エビの大きさや数によって水そうを分けて、大切に育てる。

水そうの中はこんな感じ！

大きくなった！

たまごからかえって２か月ほどのオニテナガエビ。もう少し大きく成長したら、加工して料理に利用する。

エビのくわしい育て方はひみつなんだって！

今はまだ実現していないけれど、農園で作ったトマトの加工品を定番商品にしたり、エビをレストランにおろしたりする商売をしたいんだ！

ハウスの

ウラガワに注目！

アクアポニックスでは、農薬を使わない。そのため作物が病気に弱くなるので、病気のげんいんになる菌や害虫が中に入らないように、ハウスに入るときはくつカバーをつける。

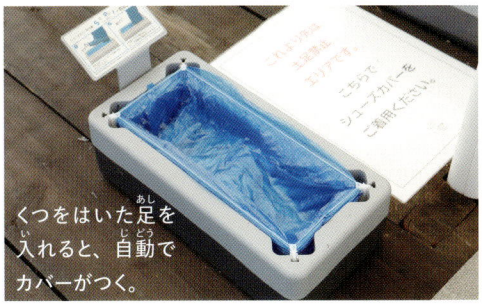

フィルターで水に栄養をあたえる

①ごみを取りのぞく

じゃりや細かいすなで、ごみを取りのぞく。

②微生物がえさやふんを分解する

フィルターにすんでいる小さな生物（微生物）が、エビのふんやえさの食べのこしを分解して、植物に役立つ「ちっ素」などの栄養分に変える。

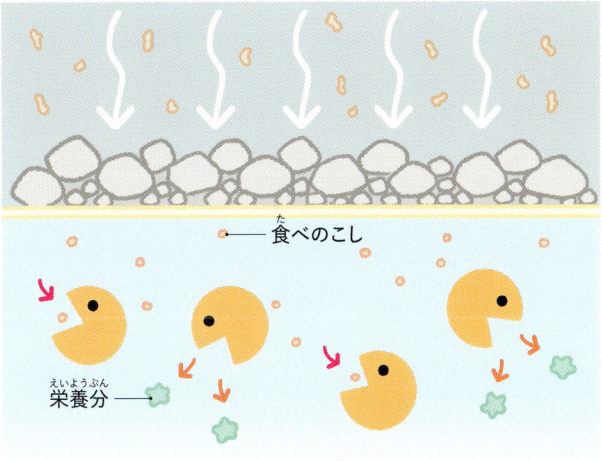

トマトを育てるプラントへ

エビのふんやえさののこりでよごれた水を、きれいな水と入れかえるには、たくさんの水が必要です。でも、アクアポニックスでは、よごれた水をフィルターに通して、ごみを取りのぞき、よごれを栄養に変えた水をトマトの栽培に使い、ふたたびエビの水そうにもどしています。

同じ水をぐるぐる循環させて使うため、水を節約できるのです。

トマトを育てるプラントから

③肥料なしでトマトを育てる！

エビを育てるプラントから送られた栄養たっぷりの水が、パイプに植えられたトマトを大きく育てるよ。

トマトのなえは、根元をわたでくるんでパイプのあなに植えこむ。上にのびたくきは、パイプの上のほうでたらし、実を育てていく。

トマトをパイプで育てる

このパイプにフィルターを通った水が流れていて、トマトのパイプに少しずつ流れ落ちるようになっている。

エビを育てるプラントから →

← エビを育てるプラントへ

パイプの中をのぞいてみると、ぽたぽたと水が流れているようすや、とても長い根が生えているのがわかる。

トマトのカーテンみたい！

トマトを植えるたて長のパイプは全部で505本。1本に2～3本のトマトのなえを植えるよ。

パイプのウラガワに注目！

トマトのプラントの中はパイプもゆかも白で統一している。白は光を反射するので、パイプの中を通る水が熱くなりすぎないし、ゆかの反射でトマトがきれいに色づく。

ハウスの中にはくふうがいっぱい！

BIWAKO AQUA PONICS では、たくさんのトマトを栽培するなど、一年中、しゅうかくできるようにくふうしている。

なえを植える時期をずらす

ぜんぶのなえを同時に植えると、実のなる時期も重なってしまう。そのために、わざと植える時期を少しずつずらして、一年中しゅうかくできるようにくふうしている。

トマト以外も育てる

トマトといっしょにバジルやシソも育て、カフェで利用している（→ 17 ページ）。

トマトは 17 種類

アクアポニックスに向く種類のトマトを見つけ、今では、色や形がちがう約 17 種類のトマトを栽培している。

トマトを土で栽培すると、多くの場合、化学肥料や農薬を使います。一方、アクアポニックスでは、水に栄養分がふくまれているので化学肥料を使わずにすみ、さらに屋内栽培によって害虫が入りづらいため、無農薬でかんきょうにやさしい野菜をしゅうかくできます。また、トマトを育てたあとの水は余分な栄養がふくまれていないので、そのままエビの水そうにもどして、循環させます。

④観光や学習ができる！

BIWAKO AQUA PONICSには、トマトのつみ取り体験や農業学習、調理体験などの見学コースがあり、人が集まり、楽しむことができる場所になっているよ。

トマトのつみ取り

見学に来たお客さんは、ハウスで食べごろのトマトをつみ取れる。色や形を楽しみながら、カップいっぱいにつめこむ。

農業や地球かんきょうについて学ぶ

地いきの学校の子どもたちにアクアポニックスの授業を行う。

トマトを使った調理ができる

とれたばかりのトマトや農園で加工したソースなどを使って、オリジナルのピザを作ることができる。専用のピザがまで焼くのも楽しい！

エビのビオトープも見学できる

見学コースには、トマトを育てるプラントから出る水が流れこむ、オニテナガエビのビオトープがあり、水の循環をたしかめることができる。

カフェで料理や買い物を楽しむ

農園にあるカフェは、ゆったりとしたつくりで休けいにぴったり。トマトやエビを利用した料理を楽しめるほか、加工品も売っていて、おみやげとして大人気だ。

広いテーブルや大きめのベンチなど、くつろげるくふうがたくさんある店内。

小さな水そうと植木ばちで、アクアポニックスの仕組みが一目でわかるコーナーがある。

トマトをたっぷり使ったトマトカレーは人気メニューのひとつ。

農園でとれたトマトやバジルのソース。農園のオリジナル商品だ。

加工品のウラガワに注目！

BIWAKO AQUA PONICS では、エビをスープやソースに加工したあとに出るカラを、焼いて細かくくだいてエビのえさに再利用することで、ごみをへらしている。

BIWAKO AQUA PONICS は、トマトのつみ取りやアクアポニックスを学べる授業などを行い、体験農園として地いきの観光をになっています。

また、オニテナガエビやトマトを育ててしゅうかくし、農園でソースやスープなどに加工しています。農園に来てもらうだけでなく、商品を買ってもらうことで、より多くの人にアクアポニックスやかんきょう問題への興味を高めようとしています。

⑤地いきの自然を守れる！

アクアポニックスによる魚かい類の養しょくや野菜の栽培法は、農園のある地いきのかんきょうも守ります。

①かんきょうを守る

BIWAKO AQUA PONICS のある地区は、大昔から地下水が豊富なところで、地いきに住む人も地下水を生活に使っている。よごれた水を出さないアクアポニックスだからこそ、大切な水や、地いきのかんきょうを守ることができる。

農園でも、地下水をくみ上げて利用している。地いきのかんきょうを守ることは、きれいな水でエビやトマトを育てることにつながっている。

アクアポニックスの ウラガワに注目！

SDGsが注目されるようになって、日本でもアクアポニックスに取り組む農家がふえてきた。将来、「アクアポニックスで作った、かんきょうにやさしい生産物」とわかる野菜や魚がスーパーで買えるようになるかもしれない。

②水を節約できる

アクアポニックス		通常のやり方
追加分だけ必要 最初に必要な水をかくほしたあとは、へった分だけ追加する。	魚かい類の養しょく	**入れかえで大量に必要** 水そうの水を入れかえるたびに、たくさんの水が必要になる。
ほぼ一定 季節によって少し変わるが、追加する水の量はほぼ同じ。	農業	**不安定** そのときの天気や雨の量によって、必要な水の量が変わる。

③せまい場所でもできる

アクアポニックスでは広い畑は必要ないので、2階建てにするなどのくふうで、自然をこわさず、せまい場所でもたくさんの野菜を育てられる。

日本は水や土地にめぐまれているので、最近までアクアポニックスへの関心はあまり高くありませんでした。しかし、世界では、小さな島や水が少ない地いきでも安定して野菜を栽培できる方法として注目され、研究が進んでいます。

これからは、かんきょうにやさしい農業として、地球のさまざまな地いきでアクアポニックスの活用が期待されています。

フードテックで新しい養しょくぎじゅつが生まれた！

緑の光で魚がすくすく育つ！

水そうで魚を育てる養しょくの世界で、魚を早く、大きく、おいしく育てるために、いろいろなくふうが生まれているよ。ここでは、光をくふうして、ヒラメを大きく育てる養しょくぎじゅつを見てみよう！

緑の光を当てて育てると……

緑色のLEDライトを当てて育てたヒラメのほうが、ふつうの光で育てたヒラメとくらべて、よく泳いでよく食べるようになる。約1年間で体重は1.6倍になり、出荷用サイズになるまでの期間は約3か月も短くなった。

写真提供：大分県農林水産研究指導センター水産研究部

じつは、緑色の光を当てたヒラメがよく育つ理由はよくわかっていない。自然の中で生きているヒラメはおもに、緑色の光がとどく海底にすんでいる。養しょくのヒラメも緑色の光を当てると、自然と同じかんきょうに近くなり、のびのび過ごせるのかもしれない。

海の底が緑色に見えるわけ

約50メートルの海底には赤い光がとどかない。
青色も深くはとどかないため、緑色の世界になる。

光と魚の泳ぎの不思議なかかわり合い

養しょくのヒラメやカレイは、ふつうは動き回らず水そうの底で静かにしています。ところが、緑の光を当てるとスイッチが入ったように活発に泳ぎだします。その理由はまだ世界のだれも知らないのです。みなさんも、光と魚の泳ぎの不思議なかかわり合いのなぞときに、チャレンジしてみませんか。

高橋 明義先生
北里大学名誉教授。魚の研究一筋で、魚の光養しょくの第一人者。

3章 持続可能な食料供給のために

持続可能な食料供給とは

食べ物がわたしたちの元にとどくまでには、作物を育てるための水と、育てる土地、そして育てる人の力が必要です。

今は…

農業を例に見てみよう！

水

雨がふらなくなったり気温が上がったりするために、水が足りなくなって作物が育たなくなる場所が出ている。

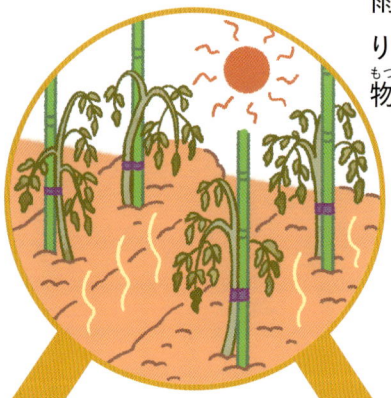

それぞれに問題がたくさんあるなあ。

食料が十分に用意できなくなる!?

土地

地球温暖化で土地が海にしずんだり、洪水で畑がうまったりして、土地がなくなることも。

人

気候に収入が左右される不安定な職業として、農業をやる人がへっている。

水をぐるぐる循環させて、魚かい類と野菜を育てるアクアポニックスには、農業の未来をささえるヒントがたくさん。げんざいの農業の問題をふりかえって、これからの農業に必要なことを、いっしょに考えてみましょう。

今は、水が十分にある広い土地で作物が育てられています。ところが、異常気象で水や土地が足りなくなる場所が出て、食料不足になやむ人がふえています。これからも安定して作物を育てるために、土地や水をふんだんに使うやり方を見直す必要があります。

未来は…

ハウスや植物工場で野菜を育てるため、広い土地がなくてもたくさんの作物がしゅうかくできる。

作物のでき具合が気候のえいきょうを受けにくく、安心して育てられるので、農業をやる人がふえる。

このままでは持続できない

手間をかけずにたくさんの作物を一気に作る今の方法は、野菜などを育てやすくする一方で、地球の自然や、わたしたちの健康へ負担をかけています。

農家が畑を作る

畑が広いほど作物をたくさん作れるので、どんどんたがやして畑に作り変える。

作物のために水を使う

川の水を引いたり、地下水をくみ上げたりして、作物にあたえる。

土地を使う

続かない！

森などを切り開いて畑にするため、大切な自然が失われたり、土地が弱くなって、災害が起こりやすくなったりする。

水を使う

続かない！

雨のふらない時期や、雨の少ない年は水不足になる。

げんざいの農業は自然への負担が大きく、わたしたちの健康にもえいきょうをおよぼすきけんがあります。作物の安全を守り、作物を作る人が安心して働くためには、農業のやり方を見直すだけでなく、わたしたち消費者が、虫食いのない野菜や安い野菜などを求めすぎないといったことを、心がけることが大切です。

病気をふせぐために農薬を使う

作物の病気や害虫をふせいでしゅうかく量を上げるために、たくさんの農薬を使う。

消費者が食べ物を買う

広い畑で農薬を使って育てると野菜や作物がたくさんとれるので、安く買える。

農薬を使う

続かない！

農薬を大量に使うと、畑のまわりの生き物や、そこでくらす人に害をおよぼすことがある。

作物を食べる

続かない！

農薬が作物にのこった場合、食べた本人やその子どもの健康にえいきょうが出ることもある。

どうすればいい？

わたしたちの行動を変えよう！

- 農薬などを使わない「無農薬」や、使う量が少ない「減農薬」、土地に害のない肥料や農薬しか使わない「有機栽培」と表示された野菜に目を向ける
- 適切なねだんの野菜をなるべく買う
- ほぞんのための農薬を使わずにすむよう、近くでとれた作物を選ぶ
- 虫食いなどがあってもいやがらない

できることをやってみよう！

持続可能な食料供給は、地球にすむ一人ひとりが目指すべきこと

世界中の人びとが、おいしくて安全な物を食べられるように、
自分たちの行動の一つひとつを見直してみよう。
SDGsの「17の目標」をカギに、未来のために一歩をふみ出してみよう！

水道のせんを
こまめにしめる

水を大切にする運動を始め、
さばく地帯の水不足がかいしょうされた！

6 安全な水とトイレを世界中に

安全な水と
トイレを
世界中に

ねだんが少し高めでも
有機野菜を買う

とくべつな農法の商売にせいこうする
人がふえ、農業がさかんになった！

2 飢餓をゼロに

飢餓をゼロに

なるべく公共のバスや電車、自転車で
移動して、ガソリンを使わない

地球の平均気温が
下がって、温暖化が止まった！

**気候変動に
具体的な対策を**

植物や生き物と
ふれあう

生き物を守る活動を始めて
ぜつめつしそうな生き物をすくった！

**陸の豊かさも
守ろう**

児童労働をさせていない
食品を選んでいる

働く子どもがへり、
学校に通う子どもがふえた！

**パートナーシップで
目標を達成しよう**

未来の社会を想像しよう！

アクアポニックスは、わたしたちのくらしをどう変えるだろう？

安全な
食品が食べられる
安心
できる！
自然が多くて人が
住みやすい
子どもの数が
多くなる
地いきの生態系が
守られる
住みやすい
町になっている！
計画的な
食料供給ができる
アクアポニックスの
会社がふえる
たくさんの魚を
強引にとる
「乱獲」がへって、海や
川の自然が守られる
地元の人たちの
働ける場所が
ふえる
農業ぎじゅつが
もっと注目
される

おまけ アクアポニックスが地球をすくう！

もっとみんなに知ってもらえるように、もっとお客さんに来てもらうために、本郷さんは観光農園をどのように進化させるか、日々、新しいアイデアを考えているそうです。食べ物作りの未来のために、本郷さんは走り続けます。

監修 石川伸一

宮城大学食産業学群教授。東北大学農学部卒業。東北大学大学院農学研究科修了。北里大学助手・講師、カナダ・ゲルフ大学食品科学部客員研究員などを経て、現職。専門は、食品学、調理学、栄養学。食を「アート×サイエンス×デザイン×エンジニアリング」とクロスさせて研究している。主な著書に『クック・トゥ・ザ・フューチャー』（グラフィック社）、『「食べること」の進化史』（光文社）、『分子調理の日本食』（オライリー・ジャパン）、『料理と科学のおいしい出会い』（化学同人）など多数。

デザイン	Yoshi-des.（石井志歩、吉村 亮）
まんが・イラスト	ニシノアポロ
イラスト	さいとうあずみ、やまおかゆか
撮影	田辺エリ
編集	WILL（西野 泉、片岡弘子）、原かおり
校正	村井みちよ
写真	BIWAKO AQUA PONICS、フォトライブラリー

フードテックとSDGs

②エビとトマトで持続可能な食料供給

2025年1月　初版第1刷発行

発行者　吉川隆樹
発行所　株式会社フレーベル館
〒113-8611 東京都文京区本駒込6-14-9
電話　営業03-5395-6613 編集03-5395-6605
振替　00190-2-19640
印刷所　TOPPAN株式会社

NDC588
32p
27 × 22 cm
Printed in Japan

ISBN 978-4-577-05304-1
©フレーベル館2025
乱丁・落丁本はおとりかえいたします。
フレーベル館出版サイト　https://book.froebel-kan.co.jp

国連SDGsHP　https://www.un.org/sustainabledevelopment/

The content of this publication has not been approved by the United Nations and does not reflect the views of the United Nations or its officials or Member States.

本書のコピー、スキャン、デジタル化等無断で複製することは、著作権法で原則禁じられています。また、本書をコピー代行業者等の第三者に依頼してスキャンやデジタル化することも、たとえそれが個人や家庭内での利用であっても一切認められておりません。さらに朗読や読み聞かせ動画をインターネット等で無断配信することも著作権法で禁じられておりますのでご注意ください。

フードテックとSDGs

① カブトムシから はじまる 循環型社会

② エビとトマトで 持続可能な 食料供給

③ 大豆パワーで 未来の食卓を まもる

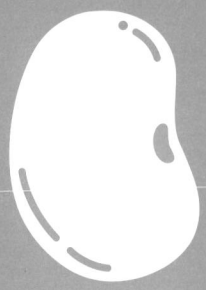

監修 石川伸一（宮城大学 食産業学群 教授）

SDGsと食は深く結びついている

かかわるSDGsの目標

海の豊かさを守ろう

14 海の豊かさを守ろう

魚がへる

魚を無計画にとりすぎたことが原因で、海の魚が少なくなっているといわれている。

すべての人に健康と福祉を

3 すべての人に健康と福祉を

農薬を使う

化学肥料や農薬を必要以上に使って育てた野菜などは、人の健康をそこなう可能性がある。

安全な水とトイレを世界中に

6 安全な水とトイレを世界中に

水を大量に使う

一部の土地で大量に水を使っている一方で、水不足に苦しむ土地は地球上にたくさんある。